QUEMANDO LUCES

Maya Islas

QUEMANDO LUCES
(Poemas)

editorial **BETANIA**
Colección BETANIA de Poesía
Centro Cultural Cubano de Nueva York

Colección BETANIA de Poesía.
Dirigida por Felipe Lázaro.

Coedición con el Centro Cultural Cubano de Nueva York.

Portada: *Tocando el Universo* (11 x 11, acrílico y papel), *collage* de Maya Islas.

© Editorial BETANIA.
    Apartado de Correos 50.767
    28080 Madrid, España.

I.S.B.N.: 84-8017-208-8
Depósito Legal: M-9525-2004

Imprime: Impresión Tecnológica, S.L.
Impreso en España - Printed in Spain.

Contemplación....

Desde los hábitos lejanos donde el bien
y el mal se manifiestan en flaqueza,
mi pluma gira con las misericordias de esta jornada,
cantando en los templos,
extendiéndose en el fondo del mar
como una ráfaga pura.

"Y en mi hogar de Tosca encontrarás un nicho,
y quemaré las luces del amor frente a tu cara,
de manera que en gravedad y santa calma
podamos tú y yo
vivir hacia
la más verdadera vida".

ELIZABETH BARRETT BROWNING

A Emily Dickinson y Kate Scott

In Memoriam

*En este siglo XXI, la voz hablante en el poemario re-
crea todo un escenario interior de observaciones, en
el que a veces se tocan momentos concretos de expe-
riencias entre los Siglos XIX al XXI.
Aquí se explora la percepción de que hay una co-
nexión en el eterno ahora, donde el tejido kármico se
desarregla y arregla simultáneamente, desde un punto elevado de observación.*

(1859-1917)   *(1966-2003)*

Preludio

Las Horas

A Virginia Woolf

Este puede ser el momento:
cuando me deslizo hacia el sonido
para pensar la canción de la palabra.

El oro me acompaña,
atraviesa la ventana de mi alma,
me viste de sol
cabalgando entre casas que saltan
para proteger la verdad.

Hay un espacio que tiene la esencia de la distancia,
donde caigo como flor sin sembrar en el verano;
y es que puedo tocar el Universo
sin que nada desvíe los pedazos mágicos
de la mujer que tiene sus ojos en la vida.

Soy del aire, ella del agua,
digo lo que puedo mirando los dedos del poema,
las esquinas que esconden su vida y mis imágenes,
para aquellos que pintan el color del camino
y hurgan en las piedras con átomos humanos.

En las rutas del tiempo,
ya he comprendido quién sube o desciende hacia
                                    [el verbo,
quién bendice la lengua como si fuera un ala,
quién cuenta las horas
con los ojos transparentes del iluminado.

1

Es el tiempo de la vigilancia,
la gente nace rápido,
se embulla a cruzar,
e incesantemente irrumpe en la vida.

Desde ese ángulo,
la historia fue rota en un día de abril,
cuando tocando el centro de la muerte,
tú y las furias se colgaban del muro.

En la profundidad de las aguas te dije
que aún navegaban contigo peces ciegos
murmurando sobre una luz imaginada.

Así despierto al silencio que provocas
cuando llegas a mi cuello en la mañana
y un movimiento nos contempla.

Guardo la llave del regreso
dentro de este nuevo siglo que se dobla
inmensamente sobre el mar;
un sol que se despide a la distancia
nos deja la noche y un húmedo secreto iluminado.

2

Ley de causa y efecto

La lección y el Maestro aparecieron como dos aves
                                    [en el medio
de la tormenta.

La alumna se sentó frente a sus imágenes;
percibió el silencio del escenario.
Tan aturdida estaba, que abandonó sus libros,
las fotos de su nacimiento,
revisó sus ropas,
les cantó a todos sus propósitos
que siguieran acompañándola
para cuando su dedo se atreviera a escoger la vida.

Por allí pasaron brújulas listas a sentir
las presencias de los otros,
y caminando por los espacios del corazón,
se dio cuenta de sus propias distancias invisibles.

Papel en mano,
construyó puentes y sospechas en el lenguaje,
recibió una ciudad llena de poetas sin trabajo
que cantaban a las flores como único alimento.

Había un cielo pintado de aventuras
asimilando la pasión de la mañana;
un refugio ya flotaba en la memoria de las reinas.
Nadie supo del largo hilo de experiencia
que horizontal se acomodó al lado de la herida,

averiguando en tono inconfundible
si la alumna había sobrevivido.
Después de la tarde,
alguien salió a despedirse
con una brisa en la mano.

3

He ofrecido mis frutas al Santo Grial.

La página principal se avecina
para que la toquemos como si fuera una puerta:
todo ocurre completamente a tiempo.

Kafka nació ayer
y su sangre aún combate frente al enemigo,
que es acariciado por espaldas de espuma.

Los disfraces estallaban diciendo una verdad irreparable,
lanzando una ceremonia llena de artefactos
para la salvación;
las flores eran de cobre, o de un metal desconocido
que no sabía volar.

¡Cuántos habitantes aún nos persiguen!
A pedradas rompen nuestras manos vagabundas
que abandonan el recinto
para escribir sobre las superficies de las cosas.

Por eso nos lanzamos llenas de colores
para conocer al único Maestro que entregó su ciudad
a los giros del caracol.

No ha sido un juego:
hemos comprendido la percepción de un ala
que vuela sin su pájaro,

las maderas donde nos hemos posado
en un gran acto,
el verbo entre los dedos,
agua o palabra,
            diciendo.

4

Nunca habrá una respuesta definitiva
a los símbolos cambiantes de la razón.

El gesto de un sueño,
como un ave,
molesta al aire.

Los poemas frente al espejo
tienen una dignidad que brilla
con un sol dentro del ojo;
las palabras, en los libros,
quedaron sin leer.

Había un hambre oscura
perpetuamente escapando.

5

Desde la lluvia te hablo:
dejé tu cuerpo como una ventana sin cerrar,
fugándome de ti,
cayendo como reliquia en el cuello de los otros.

No supe alimentarte los contornos,
el desamparo,
la foto sola donde parecías la promesa
que no quise cumplir.

He cargado estas penumbras danzando en la total
[quietud.

Tus poemas cantaban a la soledad del día,
rugían en tu jardín.
Mientras,
todavía estoy cruzando las tinieblas,
las cóncavas heridas de la atmósfera
para alcanzar la transparencia de esas escenas.

Desde el ritmo de este naufragio,
voy a buscar tu corazón abierto
que como un hogar disimulado
me espera con dos palabras
amando.

6

Más de una vez he contemplado el túnel;
la deuda se sentaba junto a mí:
tú, muerta,
yo, presionando ligeramente la vida.

La casa se dejaba oir a media noche,
conversándonos sobre el poema,
como si comprendiera el rumor solitario del sol
cuando atraviesa por una tormenta.

Cada siglo ha sido una escalera,
un pie roto danzando.

La gente,
entre luz y sombra,
llovizna el cuerpo:
la vigilancia por la vida no los deja morir.

Estos paisajes parecen cosas del amor
donde las almas comulgan hostias
que brillan ante la victoria.

7

Mientras sucedía el escenario,
dormías infatigable
con ese resplandor que dejaban tus manos
al tocar el mundo.
No olvidaré la impresión de tus páginas,
las esquinas reaccionando al viento
que no se cansaba de buscar la tarde.
Ahora me distraigo en el fondo de tu cara
tratando de cumplir con este tiempo urgente.
Alguien cae desde el Espíritu;
la incertidumbre propone un lugar
para nuestros hombros de guerra.

La libertad llega con un murmullo,
discreta al menor cambio de voz.
¿A quién podía extrañar
que desde tu traje blanco
flotarías indecisa por el pueblo?
La poesía, a ritmo marcado,
era un huésped que sonaba entre columnas;
la casa se llenaba de voluntad y nos dejaba vivir
prestándonos el crujido de la vida.
Detrás del estallido,
abril jugó a caballero ante la muerte
saliendo a las escenas del camino
como piedra que avalancha su hacer en una pared.
Algo tenía que ocurrir: combate abierto entre ojos
[conocidos

que caían de las caras deseando lo imposible.
El viento y la tempestad pasaron
como dos amigos saludándonos
mientras dormías vencida sobre un puente.

Contruiste el poema
arrojándole agua a las palabras.

8

La sangre colgaba como la lluvia,
deslizándose entre flores invisibles
que comentaban la razón de las sombras
entre el ir y venir de las señales.

En tu guarida parecías una loba
que desataba en mí esta forma de futuro,
dando frutos en mi rostro ante el espejo.

He cesado de llegar a los templos
para no ver la violencia
que se esconde en las estatuas,
devoradas por un destino
que ha caído sobre el amor
cual culto de luna.

9

Una visión corría por tierra extranjera
como si fuera un descubrimiento.

El tiempo llegaba en las rocas
para tumbar cabezas de los árboles.

De tanto exceso,
la vida saltaba con el agua
trazando un horizonte con opinión propia.

Desde allí,
tú volvías a impregnarte de conciencia,
dejando caer una gota de pasado
sobre mi cuerpo intranquilo.

Si hay secretos,
no violentemos al corazón,
más bien conversemos sobre las bienaventuranzas,
sin llave ni canto.

10

Después del lenguaje
y de libros espléndidos
que desprendían luz,
anunciamos la concepción
de un punto central en la palabra;
ésta se mezclaba
creando al Universo desde una idea elocuente:

Mientras las espadas se acomodaban en las manos
                                        [de un santo,
salimos extasiadas para encontrar el testimonio
                                        [de una boca vital
que nos aprobara el amor,
la voluntad propia.

Hay un soplo detrás del poema
que cuenta nuestra mortalidad
antes de irse.

Ya no somos el misterio,
pero hay ruido, no cabe duda.

11

Somos los habitantes de la transfiguración.

Abrimos el espacio con puertas que sufren
de manera manifiesta mientras huyen de la materia.

Un día de soledad
llena de gentes la casa;
ésta sobrevive en el lugar preciso.

El pez habita el agua; nosotras el aire.
la luz existe para poder seguir
atravesando el mar a pie.

A pesar de la muerte,
el mármol canta.

12

Ciertamente vi la respuesta en toda su extensión:
duró poco tiempo en la superficie de los ojos.

Dicen los adeptos
que aunque nada recuerdo, te busco.
Eres de acero, pero te presiento líquida,
disuelta en un secreto universal,
afectando profundamente a la materia.

No tardaré en descubrir en cuál piel te escondes.
Quizás una casa de madera
guarde tu fuego en transición;
un mago escuchará la orilla de tu ser,
el rastro exterior que la respiración produce
cuando asciende a pagar por el pasado.

El motivo habla
cual naves que recorren el mar
en busca de purificación.

Este texto tiene sus espadas,
cuerpos de sombras que desde la sangre nos miran.

Al movernos, producimos ruidos en la memoria;
dentro de las cenizas,
                        algo sueña.

13

En el viaje incesante de las imágenes,
los ángulos caen sobre el cuerpo
y atraviesan la piel en multitud;
cual geometría sagrada,
llegan al paraíso
para romper nuestro enigma.

El escenario es exuberante;
abarca la poca importancia de la muerte.
La locura, transformada en agua,
baña a la gente que llega
y la saluda en el gesto de darse.

Nada se perdió en los fuertes detalles del dolor;
el lenguaje parecía un animal transformándose,
una fuente escondida
humedeciendo el dorso de la mano y sus líneas.

Mientras las cosas pasaban,
la palabra se llevaba todo,
esparcida en el papel.

14

He podido comprender
que en el dibujo cóncavo de tu corazón,
una inmensa luz avisaba
que la tempestad era necesaria.

Pude cambiar las cosas de sitio,
llamarte desde este espacio
como si tocara una puerta
que cantara el sediento vuelo.

Estoy inclinada,
tratando de repetir el cuerpo
para que tu ojo mire
y palpite ante su braveza.

Entregadas al crepúsculo,
el tiempo es más grande que la piedra
que nos rompe,
dos tierras en el mar se prestan la celda infinita,
que a pesar de su dureza,
consuela nuestros gestos con flores furiosas ante el sol.

15

¿Cuánto tiempo hace desde aquella mañana
en que salí a celebrar el río,
que como un árbol nos dio sombra
mientras nos inundaba con la experiencia de la vida?

Tú no estabas,
ni sabías que yo acababa de descubrirte.
Cruzando el bosque,
acepté el brillante dolor asustando el corazón.

Alguna vez tu cara vista desde un libro,
me recordó el desasosiego de la deuda;
cien años contienen inmensas horas para vivir;
paisajes pendientes que habitan un bolsillo sin pagar.

La delgadez del verbo dejó de ser amable con mi
[cuenta
y el sol se apagó para que yo entendiera
la importancia de la oscuridad.

Fue un segundo la muerte,
pero levanté castillos con las manos
por si te honrabas a caer en sus moradas
como una flor devorada por el otoño.

El resplandor es duro,
pero el alma sólo así puede abrir puertas de acero
con un leve empujar de las manos.

16

Pudimos conocer la tormenta
y aún amarla como si fuera un amanecer
descifrando un día justo.

La casa estaba desierta y horizontal
esperando tus preguntas
mientras yo abarcaba la visión
de ser una mujer pintada,
mirando desde un lienzo
la cadencia de los vivos.

17

El canto del ángel vence al tiempo.

Nuestra casa retrocede;
está embriagada como si fuera
una mujer que tocara el agua mientras duerme.

Hay que subir,
precipitar la riqueza
como una burbuja,
                    que en lo invisible,
se enamora de la iluminación.

Un mago dejó caer el oro sobre el paisaje.

18

¿Dónde escondes la pared,
la pura boca hablando
sobre el misterio de tu ciudad interior,
que del corazón al pie
tiene calles que abren como estrellas?

¡Cuánto corazón seco por el pueblo!

Sin mí, preferiste un otoño con verdes,
un invierno donde sudabas por cada poro.

Te sentabas frente al sol
para no perder las cosas de los ojos,
dejando llover a ratos
con tu muerte frente a la ventana.

Tú Yo irreparable
amenazaba a la vida lúcidamente
como si fuera una niña naciendo entre dos muslos.

La visión de este texto emocionado
no ha ocupado espacio ni desea morirse.

19

Para descender, buscamos las semillas
y el derrumbe que dormía sobre el valle,
cerca de las batallas.

Era la dificultad de lo visible
que insistía en conocer la muerte.
Nuestros asombros parecían caras
acercándose al poema;
el mar escapando dejando al pez sin agua.

Un árbol precisaba las respuestas en sensación solemne
desarmando la lenta lámpara de luz que nos golpeaba
con extraña divinidad.

Nuestro tiempo ha pasado inadvertido;
tal vez un templo esperaba la oración,
nuestros pies,
bajando la voz en profundo saludo,
poseyeron la tranquila posibilidad de Ser.

Tu cara es un verso y ya no te leo;
sólo asciendo hacia la libertad
transfigurando el acero en aire.

20

Hay un coro despertando el ambiente   .
y las moléculas dividen la inquietud del amor.

Desde tu muerte extraña
admiro el hilo que nos cose,
el sonido que quedó
después de observar nuestro espectáculo.

En las zonas del último abrazo,
sonido y canto consumían la grandeza
del lápiz fiel que precipitó el poema,
la fortaleza de la blusa de algodón
que acompañó a tus senos
en el viaje de la pérdida y sus latidos.

Mi ausencia creció con cuerpos invisibles,
y aún así,
desde tus páginas,
vi llover.

21

Voy y vengo a través de las vidas
como un ave que desconoce el cielo.

Cuando las aventuras caen y se levantan,
sucede el silencio;
y lo que se ha quemado
traspasa el lago con sus cisnes.

Tu agua mueve el rumbo de mi conciencia
y te convierto en árbol
porque necesito tu sombra.

El juego contiene eso que crece bordeando la tierra.

Proclamando tu experiencia,
caíste en mi boca
con una liturgia vigorosa
imposible de romper.

Ahora que las historias se derrumban,
te doy las llaves del secreto puro.

22

En el principio,
como en una creación,
pensé en el mundo con un canto en el rostro.

Ya estábamos al final de algo
que no podía escribirse en una página.

Habíamos llegado al paisaje
y éste rugía como si todavía existiera
conociendo nuestras miradas;

Así nos fuimos a la guerra:
vestidas de todo lo verdadero,
mientras el aire pasaba por las almas
haciendo un gesto en sus bordes.

23

Cabalgando en un azul imaginado
apareció tu figura siguiendo al tiempo que colgaba en
[un racimo de vida.

Fuimos frutas,
viajeras desconocidas
usurpando puestos en almas que giraron
cerrando puertas.

Todo lo que fuiste, soy;
ya comprendo tu ventana
el hilo intenso que atravesó tu pecho,
la palabra escondida en tu papel.

Aquí no quemo luces,
más bien las enciendo
para lograr contigo la furiosa felicidad.

24

La Divina Comedia 2003

Las circunstancias exteriores se desplazan:

Mi reacción favorita es darme cuenta
que mi poder nada a través de mi cuerpo
como un pez que descubre la profundidad del océano.
Los símbolos cubren el movimiento sin sentido
del alma que camina sobre un país sin terminar.

Ensanchándose, mi realidad indica un destino
que rodea a un río detrás de mi ojo.
Cualquier color es posible; una sutil identificación cae
sobre la mano que aplaude sin la otra
sin saber que en ese sonido el amor cabalga.

¿Podemos escalar el trono del descubrimiento?
Mi espejo refleja un escenario diferente:
tu cara se convierte en otra, rompiendo la distancia.
Agradezco el poder manejar el espacio vacío,
los ojos sin saber qué decir frente a la luna llena.

Una mujer se cae de mi cuerpo
como si fuera un vestido demasiado grande para
[llevar.

La comedia no siempre es divina, pero es todo lo que
[hay:
la sensibilidad desaparece como una luz en el
[atardecer.

Un momento entre respiraciones disuelve el peligro,
detiene a la poeta de poseer el poema como si fuera su
[amada.

Caminando entre las torres de un sueño,
una conciencia, como de cristal,
explotaba en la canción humilde del agua,
llenando la integridad de mi voz
y al Ser que se mueve hacia la nada para tenerlo todo.

25

Si al final de esta visión
la llave no ha existido,
entonces,

¿dónde ha estado la puerta?

¿dónde la mano que la abría
          indispensable y percibiendo?

Es la cortina que cae:
(no hay ruidos ni sombras.)

El vacío ha dejado de contemplarse:

(no hay rumor de gentes,

                    ni luces que quemar,

                              ni vértigo.)

Un poema por cada año en tu cuarto

ÍNDICE

Este libro se terminó de imprimir el día 12 de abril de 2004.

editorial **BETANIA**

Apartado de Correos 50.767. Madrid 28080, ESPAÑA
Teléf. 91-314-55 55. e-mail: ebetania@teleline.es

RESUMEN DEL CATÁLOGO (1987-2004)

Colección Betania de Poesía:

La novia de Lázaro, de Dulce María Loynaz.
Voluntad de Vivir Manifestándose y *Leprosorio* (*Trilogía Poética*), de Reinaldo Arenas.
Piranese, de Pierre Seghers. Traducción de Ana Rosa Núñez.
13 Poemas, de José Mario.
Venías, de Roberto Valero.
Confesiones eróticas y otros hechizos, de Daína Chaviano.
Poemas a ese otro amor, Desencuentros, Símpatos y Sentimientos,
de Víctor Monserrat.
Oscuridad Divina, Polvo de Ángel y *Autorretrato en ojo ajeno,* de Carlota Caulfield.
Hermana, Hemos llegado a Ilión y *Hermana/Sister,* de Magali Alabau.
Altazora acompañando a Vicente, Merla y *Quemando Luces,* de Maya Islas.
Delirio del desarraigo y *Psicalgia/Psychalgie,* de Juan José Cantón y Cantón.
Los Hilos del Tapiz y *La Resaca del Absurdo,* de David Lago González.
Blanca Aldaba Preludia, de Lourdes Gil.
Tropel de espejos, de Iraida Iturralde.
Puntos de apoyo, de Pablo Medina.
Hasta agotar el éxtasis, de María Victoria Reyzábal.
Señales para hallar ese extraño animal en el que habito, de Osvaldo R. Sabino.
Cuaderno de Antinoo, de Alberto Lauro.
Poesía desde el paraíso, Cosas sagradas
y *Resaca de nadas y silencios,* de Orlando Fondevila.
Memoria de mí, de Orlando Rosardi.
Equivocaciones, de Gustavo Pérez Firmat.
Fiesta socrática, Versos como amigos
y *Los silencios del rapsoda,* de Florence L. Yudin.
Hambre de pez, de Luis Marcelino Gómez.
Juan de la Cruz más cerca, Batiburrillo y Canciones
y *Ocurrencias y más canciones,* de José Puga Martínez.
Cuerpo divinamente humano, de León de la Hoz.
Mitologuías, de María Elena Blanco.
Entero lugar e *Íntimo color,* de Laura Ymayo Tartakoff.
La Ciudad Muerta de Korad, de Oscar Hurtado.

No hay fronteras ni estoy lejos;... Se ríe de esquina peligrosa, ¿Qué porcentaje de erotismo tiene tu saliva?, Una cruz de ceniza en el aliento, Que un gallo me cante para morir en colores y *... Y se te morirán las manos vírgenes de mí,* de Roberto Cazorla.

Oasis, de José Ángel Buesa.

Versos sencillos, de José Martí.

Voces que dictan, de Eugenio A. Angulo.

Tantra Tanka, de Arístides Falcón Paradí.

La casa amanecida y *El invitado,* de José López Sánchez-Varos.

De_Dos que el amor conocen, de Pedro Flores y Lidia Machado.

Rosas sobre el cemento (Poemario de la primera del siglo, de Carlos Pérez Casas.

Edad de miedo al frío, de William Navarrete.

Canción del suicida, de Emilio Surí Quesada.

País de Agua, de Carlos E. Cenzano.

Catavientos, de Lola Martínez.